BEI GRIN MACHT SICH IHR WISSEN BEZAHLT

- Wir veröffentlichen Ihre Hausarbeit, Bachelor- und Masterarbeit

- Ihr eigenes eBook und Buch - weltweit in allen wichtigen Shops

- Verdienen Sie an jedem Verkauf

Jetzt bei www.GRIN.com hochladen und kostenlos publizieren

Benny Schmidt

Gefangen zwischen Inklusion und Exklusion: Die institutionalisierte Diskriminierung von Migrantenkindern an deutschen Schulen

GRIN Verlag

Bibliografische Information der Deutschen Nationalbibliothek:

Die Deutsche Bibliothek verzeichnet diese Publikation in der Deutschen National-
bibliografie; detaillierte bibliografische Daten sind im Internet über http://dnb.d-
nb.de/ abrufbar.

Impressum:

Copyright © 2010 GRIN Verlag GmbH
Druck und Bindung: Books on Demand GmbH, Norderstedt Germany
ISBN: 978-3-656-40194-0

Dieses Buch bei GRIN:

http://www.grin.com/de/e-book/211112/gefangen-zwischen-inklusion-und-exklusion-
die-institutionalisierte-diskriminierung

Universität Leipzig

Institut für Politikwissenschaft

Wintersemester 2009/2010

Essay

Gefangen zwischen Inklusion und Exklusion

**Die institutionalisierte Diskriminierung von
Migrantenkindern an deutschen Schulen**

Benny Schmidt

Hinleitung

Menschen sind von Natur aus verschieden. Sie haben beispielsweise unterschiedliche Veranlagungen, differieren in ihrem Aussehen, in ihrem Charakter und gehen diversen Interessen nach. Dementsprechend vollzieht sich eine Entwicklung des Einzelnen[1] individuell und wird zusätzlich von seiner Umwelt beeinflusst. Dass Bildung eine wichtige Schlüsselposition dabei einnimmt, steht außer Frage, denn sie ist für die Entfaltung der Persönlichkeit und zur Selbstverwirklichung essentiell.

Die menschliche Vielfalt wirkt sich auf das Schulsystem aus und fordert dieses heraus, sich den Voraussetzungen und Unterschieden der Schüler mit ihrem individuell spezifischen Vorwissen und Entwicklungsstand anzunehmen, sodass eine entsprechend angepasste Förderung erfolgen kann. Das ist bei Weitem keine einfache Aufgabe, die durch die Immigration von ausländischen Personen zusätzliche Modifikationen und daraus resultierende Handlungen seitens dieses Systems erforderlich macht. Schule ist dabei eine Art Angebot, das durch die staatlichen Lehrkräfte kommuniziert werden muss und das die Schüler aufgrund der Schulpflicht annehmen und für sich nutzen sollen.

Doch inwiefern erfolgt wirklich eine Reaktion auf die individuelle Varianz? Wie werden Kinder mit ausländischen Wurzeln integriert? Erfolgt nicht etwa eine offene oder verdeckte Exklusion durch die zuständigen Institutionen und somit eine Diskriminierung? Werden die Heranwachsenden durch gesellschaftlich verankerte Prozesse vielleicht sogar immer wieder auf ihr Anderssein festgelegt und wird damit ihre Integration behindert?

Diese Problematik soll in diesem Essay erörtert werden. Dabei erfolgt zu Beginn eine Klärung zentraler Begriffe, gefolgt von den Eigenschaften und Voraussetzungen erfolgreicher gesellschaftlicher Integration. Demgegenüber werden Aspekte institutionaler Diskriminierung betrachtet. Ferner sollen Formen der schulischen In- bzw. Exklusion und Diskriminierung von Migrantenkindern im deutschen Schulsystem aufgezeigt und analysiert werden. Anschließend stehen die sich daraus ergebenden Konsequenzen dieses Spannungsverhältnisses und Problems im Fokus. Letztlich wird ein persönliches Fazit den Abschluss bilden.

---

[1] Ich verwende zur Vereinfachung der Lesbarkeit bei geschlechtsspezifischen Begriffspaaren stets nur einen von diesen, nehme damit jedoch keinerlei Wertung vor.

Begriffsklärungen und allgemeine Aspekte

Als Begriff ist zunächst der der „Migrantenkinder" zu klären. Damit werden in dieser Arbeit Kinder bezeichnet, die ausländische Wurzeln besitzen, die sich auf ihre Entwicklung auswirken. Das wäre z.B. in Form einer nichtdeutschen Muttersprache, einer ausländischen Kultur oder auch unterschiedlicher Rechte. Der Ausdruck „Integration" soll eine Eingliederung – also die Inklusion – von Immigranten meinen, der aber keinesfalls mit einer absoluten Assimilation, also der Aufgabe individueller kultureller Besonderheiten und der Versuch auch kulturell Deutscher zu werden, gleichzusetzen ist. Bei dieser wäre nämlich zunächst zu klären, was überhaupt „typisch deutsch" bzw. was die „deutsche Kultur" an sich sei. Eine solche Bestimmung scheint unmöglich, da entsprechende Merkmale niemals wirklich auf alle Deutschen zutreffen könnten. Eine homogene „deutsche Kultur" ist lediglich imaginiert. Die Inklusion ist vielmehr eine Sozialintegration, bei der die Akteure in das gesellschaftliche Geschehen einbezogen werden. Dabei kommt es z.B. zur Identifikation mit dem Aufnahmeland auf emotionaler Seite, zum Erwerb von Sprachkenntnissen, zur Beteiligung am Bildungssystem, zur Entstehung sozialer Akzeptanz und zum Aufbau von interethnischen Freundschaften.[2] Demgegenüber kommt es zur nationalistischen Diskriminierung, unter der eine positive oder negative Behandlung von Personen aufgrund ihrer Zugehörigkeit zu einer Nation verstanden wird. Das bedeutet auch, dass Staatsbürger anderer Staaten nur bedingt in die nationale Gesellschaft ausgenommen werden, vorausgesetzt sie werden eingebürgert und/oder passen sich an. Damit legitimiert der Staat anhand ihrer Nationalität einen freundlichen bis indifferenten, einen ablehnenden oder teilweise sogar feindlichen Umgang mit ihnen.[3] Die institutionalisierte baut auf die nationalistische Diskriminierung auf. Bei dieser Form geht es nicht um Vorurteile oder individuelle Stereotypen, sondern um weit verbreitete individuelle Praktiken, welche durch Gesetze, Institutionen, institutionelle Verfahren bzw. Regeln und/oder kollektiv-institutionelle Deutungsmuster vorgesehen, suggeriert, unterstützt und daher mitbestimmt werden.[4]

Durch die Schaffung von Kategorien bzw. Klassifikationen von Menschen erfolgt eine Strukturierung der komplexen Welt, sodass sich organisatorische Routinen zur In- oder Exklusion ergeben und der Arbeitsablauf vereinfacht wird. Auf Basis der für den Staat somit nützlichen

---

[2] Vgl. Esser, Hartmut: *Integration und das Problem der "multikulturellen Gesellschaft"*, in: Mehrländer, Ursula / Schultze, Günther (Hrsg.), Einwanderungsland Deutschland. Neue Wege nachhaltiger Integration, Dietz 2001, S. 67.
[3] Vgl. Flam, Helena: *Migranten in Deutschland. Statistiken - Fakten - Diskurse*. Konstanz 2007, S. 11. Im Folgenden zitiert als: *Migranten in Deutschland.*
[4] Vgl. Ebd., S. 16.

Kategorien können u.a. Handlungen kontrolliert, Rechte zugewiesen und kategoriespezifische Institutionen geschaffen werden.[5] Jedoch bleibt dabei immer die Frage, inwiefern die Vorgaben mit den tatsächlichen Praktiken deckungsgleich sind.

Inklusion durch gesellschaftliche Integration

Gesellschaftliche Integration ist von mehreren Faktoren abhängig. Dies wird anhand der Klärung der zentralen Begriffe schon angedeutet. Wichtig ist daneben auch die nationale Identität, bei der es im Zuge der Sozialisation zur Internalisierung von ähnlichen oder gemeinsamen Überzeugungen, Meinungen, emotionalen Einstellungen und Handlungen sowie Verhaltensdispositionen kommt. Ferner prägen soziale Praxen und die sich daraus ergebenden sozialen und materiellen Lebensbedingungen für den Einzelnen diese nationale Identität. Ebenso werden Gesetze geschaffen, die dieser Praxis entspringen und eine politische Inklusion und Exklusion von Personen bewirken.[6] Nationalität ist aber eben auch nur eine fundamentale Form der Wahrnehmung, Deutung und Repräsentation der sozialen Welt, die somit einen Blickwinkel auf die Welt ist und kein Ding in der Welt darstellt.[7] Es ist wichtig zu entscheiden, ob Deutschland als Einwanderungsland angesehen wird oder nicht. In diesem Essay wird erstere Sichtweise angewandt, da aufgrund der zunehmenden Globalisierung und auch Europäisierung eine Abschottung Deutschlands und somit eine Vermeidung jeglicher Immigration unmöglich scheint.

Ein Klima der Aufnahmebereitschaft ist neben dem Interesse für einander und dem kulturellen Dialog eine wichtige Voraussetzung für eine positive Integration. Wollen Einwanderer ihre kulturelle Identität bewahren, aber mit den Deutschen nicht viel zu tun haben, so kommt es häufig zur Segregation. Darüber hinaus ist es wichtig, Wissen und Kompetenzen zu besitzen, die für das Zusammenleben wichtig sind – beispielsweise die Sprache und Umgangsformen. Außerdem muss eine Eingliederung in ein soziales System erfolgen, wodurch v.a. ein Mitglieds- und Arbeitsstatus erworben werden. Es muss daneben selbstverständlich zur Interaktion mit Angehörigen der Aufnahmegesellschaft kommen. Letztlich darf nicht vergessen

---

[5] Vgl. Brubaker, Rogers: *Ethnizität ohne Gruppen*. Hamburg 2007, S. 43. Im Folgenden zitiert als: *Ethnizität ohne Gruppen*.
[6] Vgl. Wodak, Ruth: *Zur diskursiven Konstruktion nationaler Identität*. Frankfurt/M. 1998, S. 69 ff.
[7] Vgl. Brubaker: *Ethnizität ohne Gruppen*. S. 31.

werden, dass sich ein subjektiver Bezug zur Residenzgesellschaft entwickeln soll, der stark von der individuellen Wertschätzung und Anerkennung abhängig ist.[8]

Institutionalisierte Diskriminierung

Die institutionalisierte Diskriminierung kann man in die direkte und die indirekte Form einteilen. Erstere bezieht sich auf regelmäßige, beabsichtigte Handlungen in Organisationen. Dazu gehören ebenso informelle Praktiken – z.B. eine „ungeschriebene Regel" – die als Routine in der Organisationskultur gefestigt sind, wie auch hochgradig formale gesetzlich-administrative Regelungen. Demgegenüber bezeichnet die indirekte institutionalisierte Diskriminierung die Gesamtheit der institutionellen Vorkehrungen, durch die Angehörige einer bestimmten Gruppe überdurchschnittlich negativ betroffen werden. Häufig entstehen solche Nachteile dadurch, dass gleiche Regularitäten für alle Personen angewandt werden, wodurch unterschiedliche Chancen für verschiedener Gruppen bei der Erfüllung selbiger Regeln entstehen.[9] In der Schule, deren Hauptfunktion die Auslese der Besten sein soll, um wichtige Positionen in der Gesellschaft qualifiziert besetzen zu können, kommt es zu letzterer Diskriminierungsvariante. Die Selektion erfolgt dabei nach scheinbar objektiven gesellschaftlich verankerten Kriterien, zu denen u.a. Begabung, Intelligenz und Leistung zählen. Mit Hilfe von institutionell verankerten, allgemein akzeptierten Normen, die als neutral bzw. fair gelten, kommt es zu negativen Konsequenzen für alle, die den Konkurrenzkampf nicht aushalten.[10]

Der Bildungsföderalismus schafft zudem unterschiedliche Chancen durch den mannigfaltig differenten Umgang mit Migrantenkindern. So existieren beispielsweise unterschiedliche Programme zur Förderung dieser Kinder in den einzelnen Bundesländern, wodurch eine deutschlandweite einheitliche Chancengleichheit beeinträchtigt – also nicht gegeben – ist.

Formen schulischer Inklusion, Exklusion <u>und</u> Diskriminierung von Migrantenkindern

Aus der Menschenwürde und den Menschenrechten leitet sich die Einbeziehung aller Migranten in die Systeme der Daseinsvorsorge ab. Das bedeutet folglich, dass für alle Kinder – also

---

[8] Vgl. Held, Josef: *Wege der Integration in der deutschen Einwanderungsgesellschaft*, in: Sauer, Karin Elionor / Held, Josef (Hrsg.), Wege der Integration in heterogenen Gesellschaften. Vergleichende Studien, Verlag für Sozialwissenschaften 2009, S. 122.

[9] Vgl. Gomolla, Mechthild: *Fördern und Fordern allein genügt nicht! Mechanismen institutioneller Diskriminierung von Migrantenkindern und -jugendlichen im deutschen Schulsystem*, in: Auernheimer, Georg (Hrsg.), Schieflagen im Bildungssystem. Die Benachteiligung der Migrantenkinder, Leske + Budrich 2003, S. 100.

[10] Vgl. Flam: *Migranten in Deutschland.* S. 67.

ebenso für diejenigen mit Migrationshintergrund – Beschulung und schulische Förderung sicherzustellen sind.[11]

Wie bereits angeführt ist das Beherrschen der deutschen Sprache eine wichtige, wenn nicht gar die Kernkompetenz zur sozialen Inklusion schlechthin. Sie ist für den Austausch mit der einheimischen Bevölkerung und vor allem auch für eine schulische Bildung essentiell, da in der Regel die Mehrzahl der Unterrichtsfächer in der Landessprache gelehrt werden. Der Spracherwerb selber belastet in zweifacher Hinsicht: Einerseits benötigt das Kind zur Kommunikation außerhalb des Unterrichts die deutsche Umgangssprache, andererseits muss es darüber hinaus in der Lage sein, sich mittels fachspezifischer Termini in der Schule auszudrücken. So gesehen ist der Heranwachsende gefordert, neben seiner Heimatsprache Deutsch in zwei Versionen zu beherrschen – die mit voranschreitender Schullaufbahn hinzukommenden Fremdsprachen noch vernachlässigt. Problematisch ist dabei, dass oftmals geringe Deutschkenntnisse als Barriere oder gar Behinderung im Schulalltag angesehen werden. Vielfach erfolgt die Einstufung der Fähigkeiten des Kindes anhand seiner deutschen Sprachkenntnisse: Es könne nicht denken, sofern es dies nicht auf Deutsch beherrsche. Häufig wird der voreilige Schluss gezogen, dass es aufgrund mangelnder Fähigkeiten in Deutsch zwangsläufig in anderen Fächern schlecht sei.[12] Diese Zuschreibung derartiger Eigenschaften stellt eine Form der Diskriminierung dar, denn ein lückenhaftes Deutsch muss nicht zwangsläufig mangelhafte Leistungen in allen anderen Fächern, z.B. in Mathematik, bewirken. Jedoch ist es für den Konkurrenzkampf der Schüler und für erfolgreiche Schulleistungen unumgänglich, die Landessprache gut zu beherrschen. Sie ist für die Artikulation des Wissens in Klausuren und Argumentationen im Unterricht wichtig, denn womöglich ist das Kind fit im jeweiligen Thema, kann sein Wissen aber nicht kommunizieren, wodurch schlechte Noten und negative Konsequenzen entstehen können.

Ferner werden Migrantenkinder mit mangelhaften Deutschkenntnissen häufig an Sonderschulen, um dort Deutsch zu lernen, oder wegen schlechter Schulleistungen, die zum großen Teil auf diese Sprachdefizite zurückzuführen sind, an Hauptschulen abgeschoben. Somit entledigt sich die gegenwärtige Schule des Kindes und gibt die Arbeit an eine andere ab. Dabei werden ethnische Merkmale, die zu Schwierigkeiten geführt haben oder es in Zukunft tun könnten, als Begründung für diese Praxis herangezogen, wobei nach außen dahingehend argumentiert

---

[11] Vgl. Hamburger, Franz: *Interkulturelles Lernen als Aufgabe und Problem in Schule, Ausbildung und Beruf*, in: Kersten, Ralph / Kiesel, Doron / Sargut, Şener (Hrsg.), Ausbilden statt Ausgrenzen. Jugendliche ausländischer Herkunft in Schule, Ausbildung und Beruf, HAAG + HERCHEN Verlag 1996, S. 108. Im Folgenden zitiert als: *Interkulturelles Lernen als Aufgabe und Problem in Schule, Ausbildung und Beruf*.
[12] Vgl. Flam: *Migranten in Deutschland*. S. 91.

wird, dass alles im Sinne des Kindes geschehe.[13] Die Folgen einer solchen Exklusion des Kindes werden in der Regel vernachlässigt. Als höchst problematisch gestaltet sich hier die Tatsache, dass das Lehrpersonal nur sehr selten oder gar nicht in „Deutsch als Fremdsprache" (DaF) oder „Deutsch als Zweitsprache" (DaZ) ausgebildet und somit kaum in der Lage ist, dem Kind mit Migrationshintergrund eine qualifizierte und wissenschaftlich abgesicherte Förderung zukommen zu lassen. Ebenso fehlen den Lehrern Kenntnisse über interkulturelle Pädagogik und den gesetzlichen Rahmen einer Zuwanderung.[14]

Weiterhin ist zu beobachten, dass in der Mehrzahl der Schulen lediglich eine Sprache gesprochen und so die Muttersprache ausländischer Schüler übergangen wird. Der Doppelbelastung der Mehrsprachigkeit wird dahingehend begegnet, dass die Familie doch am Besten auch daheim ausschließlich Deutsch sprechen solle, um dem Kind das Erlernen zu erleichtern.[15] Eine spätere Einschulung und separate (Intensiv-) Lerngruppen sind weitere Formen der Exklusion der Migrantenkinder, denn dadurch werden sie als fehlerhaft dargestellt und durch die zusätzliche Förderung nach außen hin zudem als defizitäre Personen zunächst etikettiert. Sicherlich soll dies zur Forcierung der Integration dienen, trägt aber dennoch einen schalen Beigeschmack.

Eine weitere Form der Diskriminierung ist gegeben, wenn u.a. bei der Unterrichtsthematik „Ausländer" ausländische Kinder als Beispiel zur Illustration gebraucht werden. Es existieren ferner Lehrmaterialien, wie z.B. Lehrbücher, in denen Migranten negativ, rückschrittlich und unterentwickelt dargestellt werden, wodurch ein vorgefertigtes Bild dieser Menschen infiltriert wird, dessen Objektivität überaus fragwürdig ist.

Eine große Einflussgröße bei der schulischen In- und Exklusion sowie Diskriminierung von Migrantenkindern stellen die Lehrkräfte selber dar. Ihre subjektiven Überzeugungen, Werte und Kenntnisse über Einwanderung fließen bewusst oder unbewusst in ihren Unterricht und ihr Auftreten vor den Schülern ein. In wieweit der Lehrer den Heranwachsenden mit ausländischen Wurzeln zusätzliche Chancen, individuelle Förderungen und einen angepassten Umgang mit ihnen einräumt, hängt von ihm selber ab. Zudem sind die Lehrkräfte für die Schullaufbahnempfehlungen zuständig, womit sie Lern- und Entwicklungschancen eröffnen oder aber verwehren können. Diese kann sich demzufolge u.a. wieder auf die bereits erwähnte Ab-

---

[13] Vgl. Radtke, Frank-Olaf: *Mechanismen ethnischer Diskriminierung in der Grundschule*, in: Kersten, Ralph / Kiesel, Doron / Sargut, Şener (Hrsg.), Ausbilden statt Ausgrenzen. Jugendliche ausländischer Herkunft in Schule, Ausbildung und Beruf, HAAG + HERCHEN Verlag 1996, S. 127.
[14] Vgl. Flam: *Migranten in Deutschland*. S. 18.
[15] Vgl. Ebd., S. 70.

schiebung an eine andere Schulform auswirken und einen solchen Schulwechsel mittels des diagnostizierten pädagogischen Förderbedarfes legitimieren. Dennoch werden diese Empfehlungen und diagnostischen Einschätzungen durch das Funktions- und Bestandsinteresse der einzelnen schulischen Einrichtungen beeinflusst. Ökonomische Belange werden mit zur Ursache der Diskriminierung – z.B. in Form der notwendigen Anzahl an Schülern für bestimmte Fördergelder oder um anstelle einer großen zwei kleine Klassen bilden zu können, die eine Zuweisung von weiteren Lehrerstunden bedeutet.

Konsequenzen des Spannungsverhältnisses

Zunächst ist festzuhalten, dass es wichtig ist, die Inklusion und das Inklusionsgefühl aufrecht zu erhalten, sodass diese nicht mit der Zeit durch die alltäglichen Interessen vollständig überdeckt werden.

Wie alle Kinder brauchen auch diejenigen mit Migrationshintergrund die Chance auf eine gute Allgemeinbildung, sodass sie am Ende ein Potential zum Arbeiten besitzen und sich ihnen Aufstiegsmöglichkeiten eröffnen können. Dafür ist es notwendig, sowohl Fachwissen als auch gesellschaftliches Wissen – z.B. über kulturelle und lokale Gegebenheiten, den Staatsaufbau sowie über die staatlichen Anlaufstellen für Anträge und Sonstiges – zu besitzen.

Artikel 3 GG schreibt die Gleichheit aller Menschen vor, verbietet eine Bevorzugung oder Benachteiligungen Einzelner und fordert demzufolge eine Chancengleichheit. Davon kann man ableiten, dass geeignete Maßnahmen zur Förderung entsprechend der Fähigkeiten und Neigungen diesbezüglich v.a. seitens der Schule ergriffen werden müssen, um diesem Gleichheitsansatz zu entsprechen. Zwar wirkt das Prinzip der Gleichheit in der schulischen Behandlung dem Gleichstellungsziel entgegen, doch brauchen nicht-privilegierte Kinder, zu denen die Migrantenkinder zählen, Fördermaßnahmen, die ihre (sub-)kulturellen Benachteiligungen ausgleichen. Selbst wenn diese Nachteile nicht immer gänzlich aufgehoben werden können, so ist es dennoch von äußerster Wichtigkeit, dafür zu sorgen, dass dies soweit wie möglich geschieht, sodass im Endeffekt eine (annähernde) Gleichheit hergestellt wird, die für die Integration förderlich ist.[16] Das ständige Aufzeigen von Defiziten des Kindes und das Ausbleiben förderlicher Belohnungen und Bestätigung sind keinesfalls konstruktiver Natur.

Der Erwerb der deutschen Sprache ist als Schlüsselkompetenz unumgänglich und essentiell wichtig, denn sie hat nicht nur auf die schulische Laufbahn einen hohen Einfluss sondern

---

[16] Vgl. Ebd., S. 69.

auch auf die weitere Lebensentwicklung und Entfaltung der Persönlichkeit innerhalb Deutschlands. Demzufolge ist die Förderung der allgemeinen Sprache ebenso notwendig wie der Erwerb einer fachspezifischer Sprachkompetenz, da diese nach der Schule beispielsweise bei einem Studium an einer Universität grundlegend sind. Erst damit ist die Möglichkeit eines (hohen) beruflichen Aufstiegs gegeben, da viele höhere, besser bezahlte und prestigeträchtige Berufe nur über ein Universitätsstudium erreicht werden können. Deshalb ist eine langfristige planvolle und strukturierte Unterstützung notwendig, bei der der Erwerb und die Förderung der Sprache auch an Schwellen und Übergängen im Schul- und allgemeinen Bildungssystem nicht abreißen darf.[17]

Empirische Studien belegen, dass Migrantenkinder überdurchschnittlich oft die Hauptschule nach dem Durchlaufen der Grundschule besuchen, an Gymnasien unterrepräsentiert sind und darüber hinaus häufig ohne oder nur mit einem Hauptschulabschluss ihre Schullaufbahn beenden. Dadurch entstehen verminderte berufliche (Aufstiegs-)Chancen, die quasi ihren Ursprung schon in den allerersten Schuljahren haben, da der Schulabschluss ein gesellschaftlicher Schlüssel ist. Dabei ist jedoch zu beachten, dass Schulbildung für den späteren Beruf und die Karriere wichtig ist, aber nicht von der Identifikation mit Deutschland abhängt, denn genügend Einheimische identifizieren sich auch nur teilweise oder gar nicht mit ihrem Heimatland.[18]

Die erzwungene Monolingualität steht im Widerspruch zum Fremdsprachenunterricht, der mit steigendem Schulalter an Bedeutung zunimmt. Die Mehrsprachigkeit, die den Migrantenkindern als Problem vor Augen geführt wird, erhält in den höheren Schulklassen ein ganz anderes Etikett und wird als erstrebenswert angesehen. Daher sollte man die Muttersprache der Kinder nicht als negativ deklarieren, sondern sie gezielt fördern. Diese Chance muss ihnen gegeben werden, sodass sie von ihrer sprachlichen Doppelbelastung letztlich profitieren können. Die Eltern als Lehrinstanz für die deutsche Sprache anzusehen und zu nutzen, ist falsch, denn das Kind kann diese bei ihnen nicht lernen, wenn sie sie selber gar nicht oder nur fragmentiert beherrschen. Dahingehend wäre eine verpflichtende Ausbildung während des Lehramtsstudiums und eine ebenso unumgängliche Weiterbildung während der Lehrertätigkeit in DaF/DaZ begrüßenswert. Jeder Lehrer wird während seiner Amtsausübung über kurz oder lang mit Migrantenkindern zusammen arbeiten und sollte daher qualifiziert sein, diese effek-

---

[17] Vgl. Siebert-Ott, Gesa: *Mehrsprachigkeit und Bildungserfolg*, in: Auernheimer, Georg (Hrsg.), Schieflagen im Bildungssystem. Die Benachteiligung der Migrantenkinder, Leske + Budrich 2003, S. 166 f. Im Folgenden zitiert als: *Mehrsprachigkeit und Bildungserfolg*.
[18] Vgl. Flam: *Migranten in Deutschland*. S. 53, 61.

tiv, sinnvoll und funktionell entsprechend ihrer Fähigkeiten, Kenntnisse und ihres Entwicklungsstandes zu fördern. Ohne derartige Kompetenzen sind die Lehrkräfte auf sich selbst gestellt und müssen u.a. anhand von Alltagswissen improvisatorisch versuchen, den sprachlichen Defiziten ihrer ausländischen Schüler zu begegnen und diese zu kompensieren. Es ist effektiver, eine kombinierte sprachliche und fachliche Förderung – z.B. als bilingualen Fachunterricht – vorzunehmen, als eine reine Sprachförderung – z.B. in Form von DaZ-Förderkursen – zu betreiben.[19] Allgemein ist die Eingliederung des Kindes zudem vom Ankunftsalter abhängig, also dem Alter, in dem es nach Deutschland kommt.

Lernprozesse müssen nicht ausschließlich seitens der ausländischen Kinder erfolgen, sondern sind auch bei den deutschen Schülern voranzutreiben, sodass ein beiderseitiges Lernen und Erfahren stattfindet. Einen hohen Stellenwert besitzt dabei die Toleranzerziehung, die eine wichtige Grundlage für Akzeptanz und das bidirektionale Lernen bildet. Ziel ist vor allem dabei, dass verschiedene Identitäten verstanden und anerkannt werden. Das „Fremde" verliert seine Bedrohlichkeit, wenn es durch tolerante Interaktion und Kommunikation auf der Ebene der Gerechtigkeit erkannt, wahrgenommen und relativiert wird und sich somit vom „Fremden" zum „Bekannten" wandeln kann.[20]

Dies dient nebenbei dazu, sich neuen Risiken der Umwelt stellen und auf diese flexibel und selbstbestimmt reagieren zu können. Folglich sollte eine Erziehung erfolgen, die die Achtung Andersdenkender und die Offenheit für kulturelle Vielfalt vermittelt.[21] Zu beachten ist jedoch, dass dies einen Balanceakt darstellt, bei dem Obacht gegeben werden muss, dass es nicht zur Zementierung vorhandener ethnischer Abgrenzungen kommt, sondern dass diese Grenzen dabei möglichst beseitigt werden. Außerdem ist festzuhalten, dass neben dem Blick auf die fremde natürlich der auf die deutsche Kultur nicht vergessen werden darf, sodass keine Einseitigkeit entsteht und vorhandene Parallelen entdeckt werden können. Das heißt also, dass der Lernprozess auch bei den deutschen Kindern vorangetrieben werden muss. Jedoch sollte ausdrücklich interkulturelles Lernen nur in kritischen Situationen bzw. bei Problemen erfolgen, sprich situativ angewandt werden. Sonst besteht die Gefahr einer Spaltung, weil Unterschiede betont werden, wo Ausländer bereits selbstverständlich sind. Die Gesellschaft wird mit der Aufgabe konfrontiert, Verantwortung für die Entwicklung von Personen zu übernehmen und daneben eine emotionale Sicherheit und Anerkennung zu ermöglichen.[22] Als förder-

---

[19] Vgl. Siebert-Ott: *Mehrsprachigkeit und Bildungserfolg*, S. 166.
[20] Vgl. Hamburger: *Interkulturelles Lernen als Aufgabe und Problem in Schule, Ausbildung und Beruf*, S. 103 f.
[21] Vgl. Flam: *Migranten in Deutschland.* S. 89.
[22] Vgl. Hamburger: *Interkulturelles Lernen als Aufgabe und Problem in Schule, Ausbildung und Beruf*, S. 100, 105.

lich angesehene Handlungen bedürfen einer ständigen Kontrolle im Hinblick auf ihre Wirksamkeit und Konsequenzen, da eine ursprünglich inkludierende Tat sich schnell zur exkludierenden umwandeln und Schaden bewirken kann, ohne dass dies eingangs beabsichtigt war.

Unter Integration darf folglich nicht bloß der Erwerb des Deutschen und deutscher Werte und Normen – wobei ja fraglich ist, welche dies wären – verstanden werden, sondern sie stellt einen Kompromiss zwischen dem Erlernen neuer Sachen und dem Einflechten vorhandener und demnach ein aufeinander eingehen und aufeinander zugehen dar. Diese Annäherung muss nicht nur unter den Schülern sondern auch zwischen Schülern und Lehrern stattfinden. Es sollte die eigene kulturelle Prägung anerkannt und von Befangenheiten sowie Begrenztheiten befreit werden. Dafür ist eine antirassistische, grenzüberschreitende Pädagogik sehr wichtig, denn schließlich gibt es keine homogene deutsche Kultur.

Familiäre Einflussgrößen

Die Familie der Migrantenkinder braucht auch Zeit und Gelegenheit, sich in der neuen Umwelt zu orientieren und sich an diese zu gewöhnen. Dadurch kann eine ursprünglich vorhandene familiäre Unterstützung des Kindes und seiner schulischen Entwicklung in Mitleidenschaft gezogen werden. Umso dramatischer sind die Konsequenzen, wenn die Heranwachsenden nahezu gänzlich auf sich allein gestellt und ohne Unterstützung der Familie sind. Die Vorbildfunktion der Eltern wirkt sich auf eine Integration zusätzlich aus. Lernen diese z.B. die deutsche Sprache nur sehr widerwillig oder gar nicht, ist ein Lernen von Vater und Mutter für das Kind nicht möglich. Ferner steht die „Bildungsfähigkeit" des ausländischen Schülers im Zusammenhang mit seinem (familiären) sozialen Kontext. Alle diese Einflussgrößen stellen Anforderungen an die Lehrkräfte, die den Auftrag haben antirassistisch und ohne Diskriminierung die Migrantenkinder einzugliedern und zu fördern. Dafür sind Pädagogen mit hoher Professionalität notwendig.

Fazit

Es gibt verschiedenste mehr oder weniger sichtbare Formen der institutionalisierten Diskriminierung von Migrantenkindern an deutschen Schulen. Diese sollten aufgedeckt und möglichst umfassend beseitigt werden sollten. Wenn die Integration gelingt, sind Kinder und natürlich auch Erwachsene mit ausländischen Wurzeln eine Bereicherung, da sie uns z.B. an ihrer Kultur, ihrer Küche sowie ihren Werten teilhaben lassen und somit unseren Horizont erweitern können. In Auseinandersetzung mit diesen Menschen lernen wir, dass es keine homogene Menschenmasse gibt und dass Multikulturalität keine Gefahr sondern eine wünschenswerte Chance darstellt. Die Eingliederung von Ausländern sollte keinesfalls als eine 1:1 Übernahme der deutschen Kultur und Bräuche bei gleichzeitiger Aufgabe der heimischen sein. Dennoch ist die Anerkennung und Befolgung deutscher Regelungen und Gesetze notwendige Bedingung für ein Miteinander. Die Inklusion ist Aufgabe sowie Lernprozess für Migranten und eben auch für die einheimische Bevölkerung. Ferner sollte jeder Lehrer in DaF/DaZ umfassend ausgebildet sein.

Es darf nicht vergessen werden, dass Exklusion und deren Folgen zählebig sind. Daher sollte alles Mögliche getan werden, dass es nicht dazu kommt und Chancengleichheit für alle in Deutschland lebenden Menschen gegeben ist.

Bibliografie

Brubaker, Rogers: *Ethnizität ohne Gruppen*. Hamburg: Hamburger Edition, 2007.

Esser, Hartmut: *Integration und das Problem der "multikulturellen Gesellschaft"*, in: Mehrländer, Ursula / Schultze, Günther (Hrsg.), Einwanderungsland Deutschland. Neue Wege nachhaltiger Integration, Bonn: Dietz, 2001, S. 64-91.

Flam, Helena: *Migranten in Deutschland. Statistiken - Fakten - Diskurse*. Konstanz: UVK Verlagsgesellschaft, 2007.

Gomolla, Mechthild: *Fördern und Fordern allein genügt nicht! Mechanismen institutioneller Diskriminierung von Migrantenkindern und -jugendlichen im deutschen Schulsystem*, in: Auernheimer, Georg (Hrsg.), Schieflagen im Bildungssystem. Die Benachteiligung der Migrantenkinder, Opladen: Leske + Budrich, 2003, S. 97-112.

Hamburger, Franz: *Interkulturelles Lernen als Aufgabe und Problem in Schule, Ausbildung und Beruf*, in: Kersten, Ralph / Kiesel, Doron / Sargut, Şener (Hrsg.), Ausbilden statt Ausgrenzen. Jugendliche ausländischer Herkunft in Schule, Ausbildung und Beruf, Frankfurt/M.: HAAG + HERCHEN Verlag, 1996, S. 95-119.

Held, Josef: *Wege der Integration in der deutschen Einwanderungsgesellschaft*, in: Sauer, Karin Elionor / Held, Josef (Hrsg.), Wege der Integration in heterogenen Gesellschaften. Vergleichende Studien, Wiesbaden: Verlag für Sozialwissenschaften, 2009, S. 121-131.

Radtke, Frank-Olaf: *Mechanismen ethnischer Diskriminierung in der Grundschule*, in: Kersten, Ralph / Kiesel, Doron / Sargut, Şener (Hrsg.), Ausbilden statt Ausgrenzen. Jugendliche ausländischer Herkunft in Schule, Ausbildung und Beruf, Frankfurt/M.: HAAG + HERCHEN Verlag, 1996, S. 121-132.

Siebert-Ott, Gesa: *Mehrsprachigkeit und Bildungserfolg*, in: Auernheimer, Georg (Hrsg.), Schieflagen im Bildungssystem. Die Benachteiligung der Migrantenkinder, Opladen: Leske + Budrich, 2003, S. 161-176.

Wodak, Ruth: *Zur diskursiven Konstruktion nationaler Identität*. Frankfurt/M.: Suhrkamp, 1998.